Libro da colorare
Pinguino

Coloring Pages for Kids

Coloring Pages for Kids
An imprint of Ciparum LLC

Libro da colorare pinguino
© 2017 Ciparum LLC
All rights reserved.
ISBN-10:1-63589-518-9
ISBN-13:978-1-63589-518-6

Coloring Pages for Kids

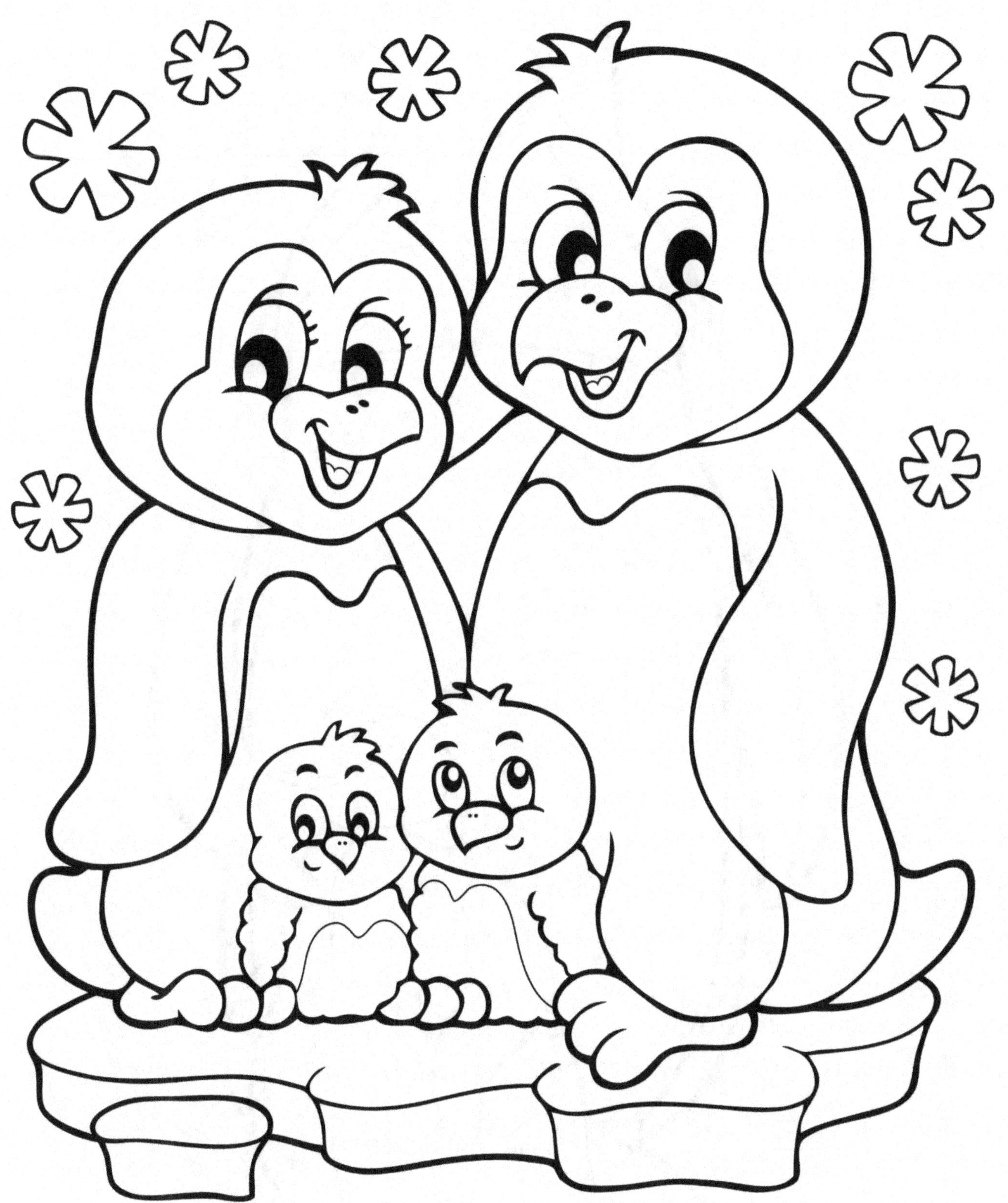

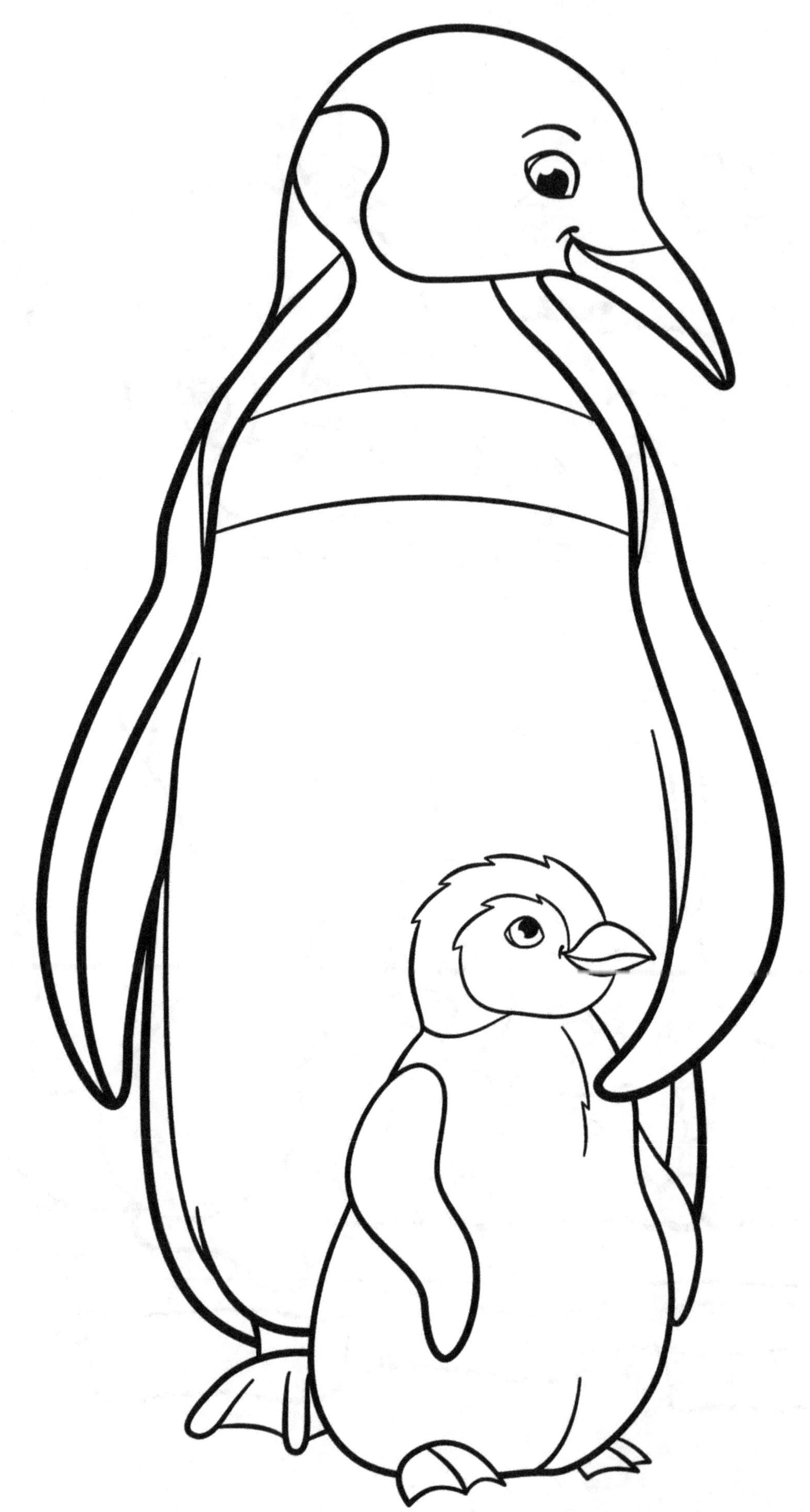

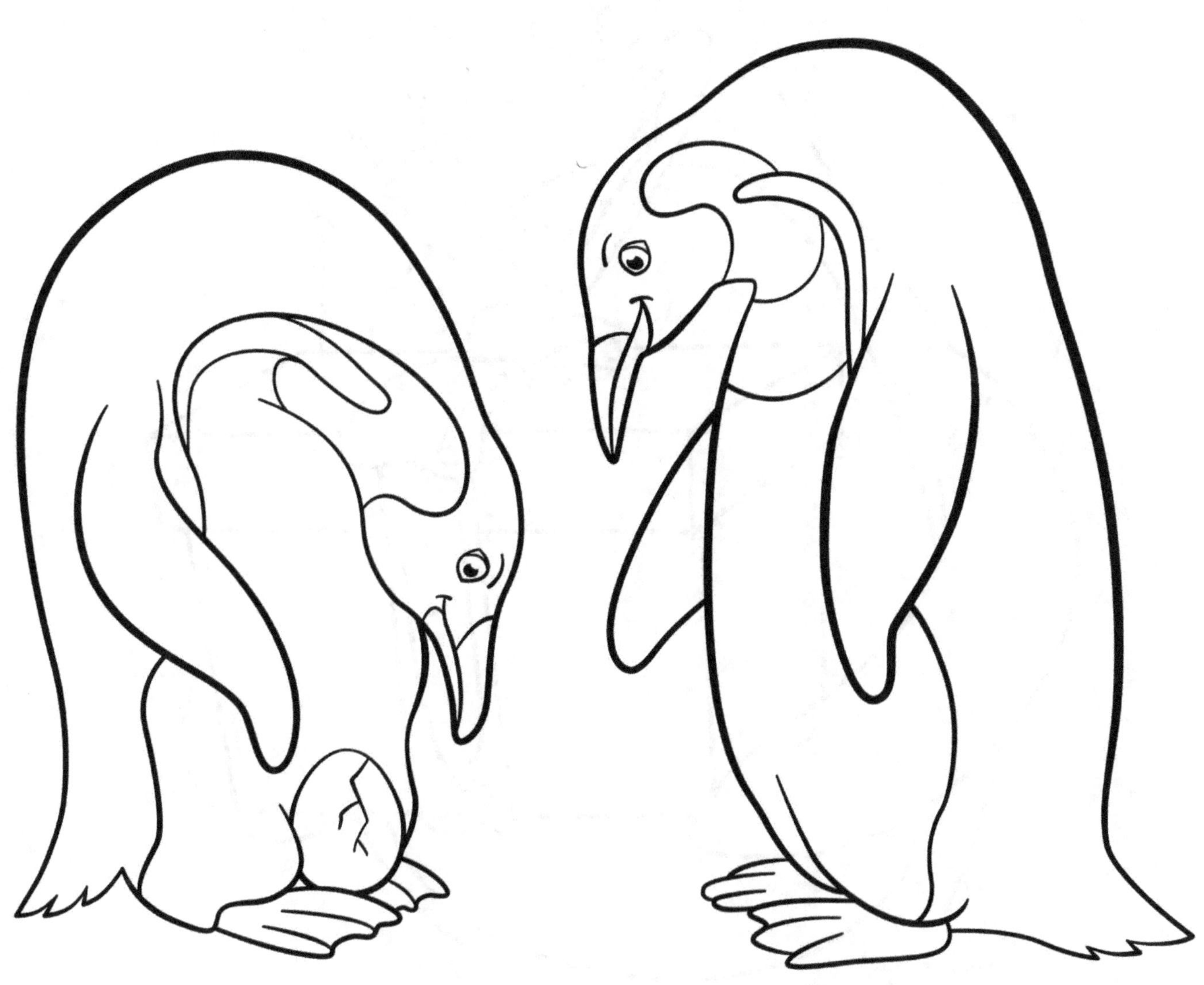

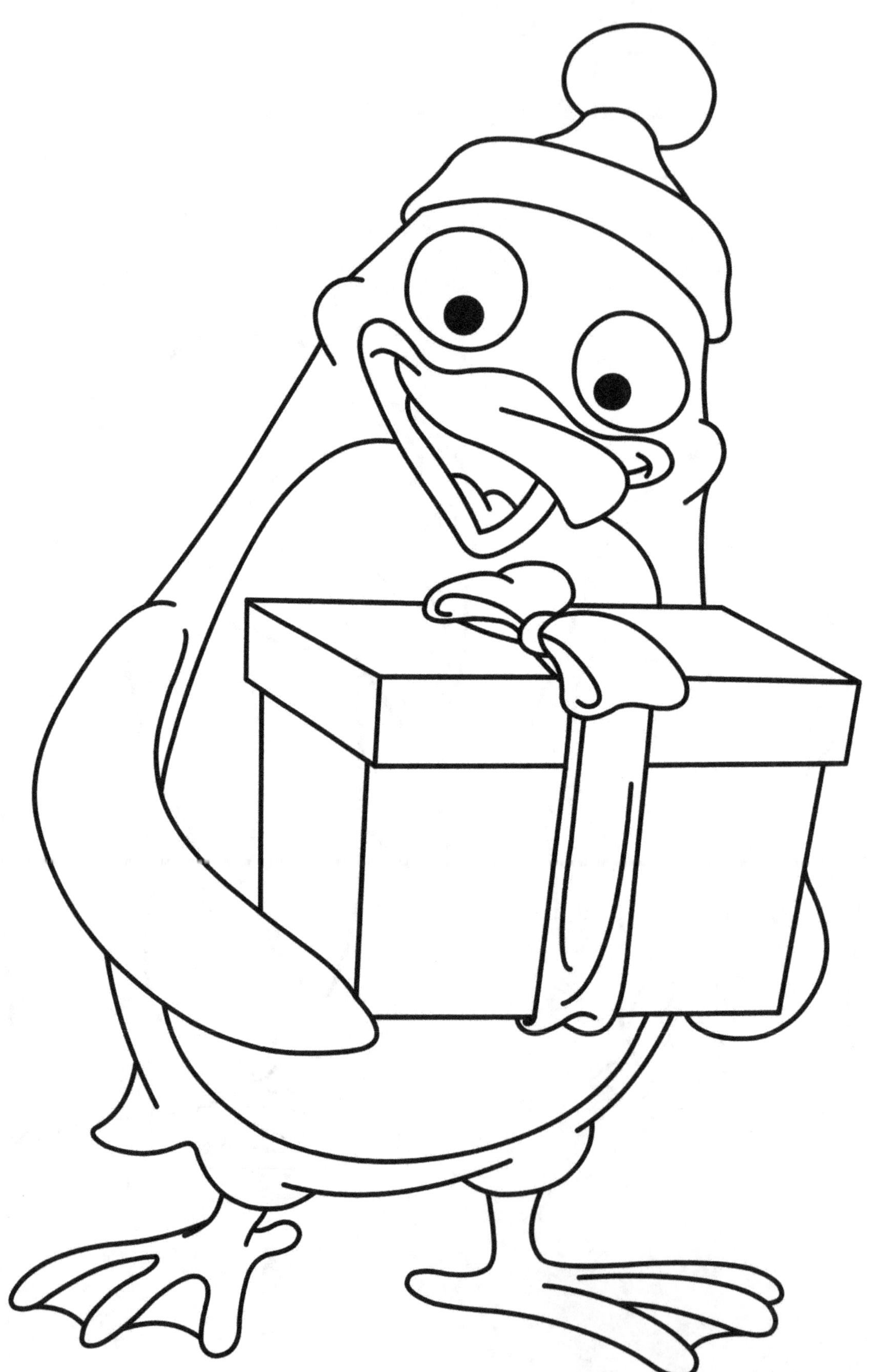

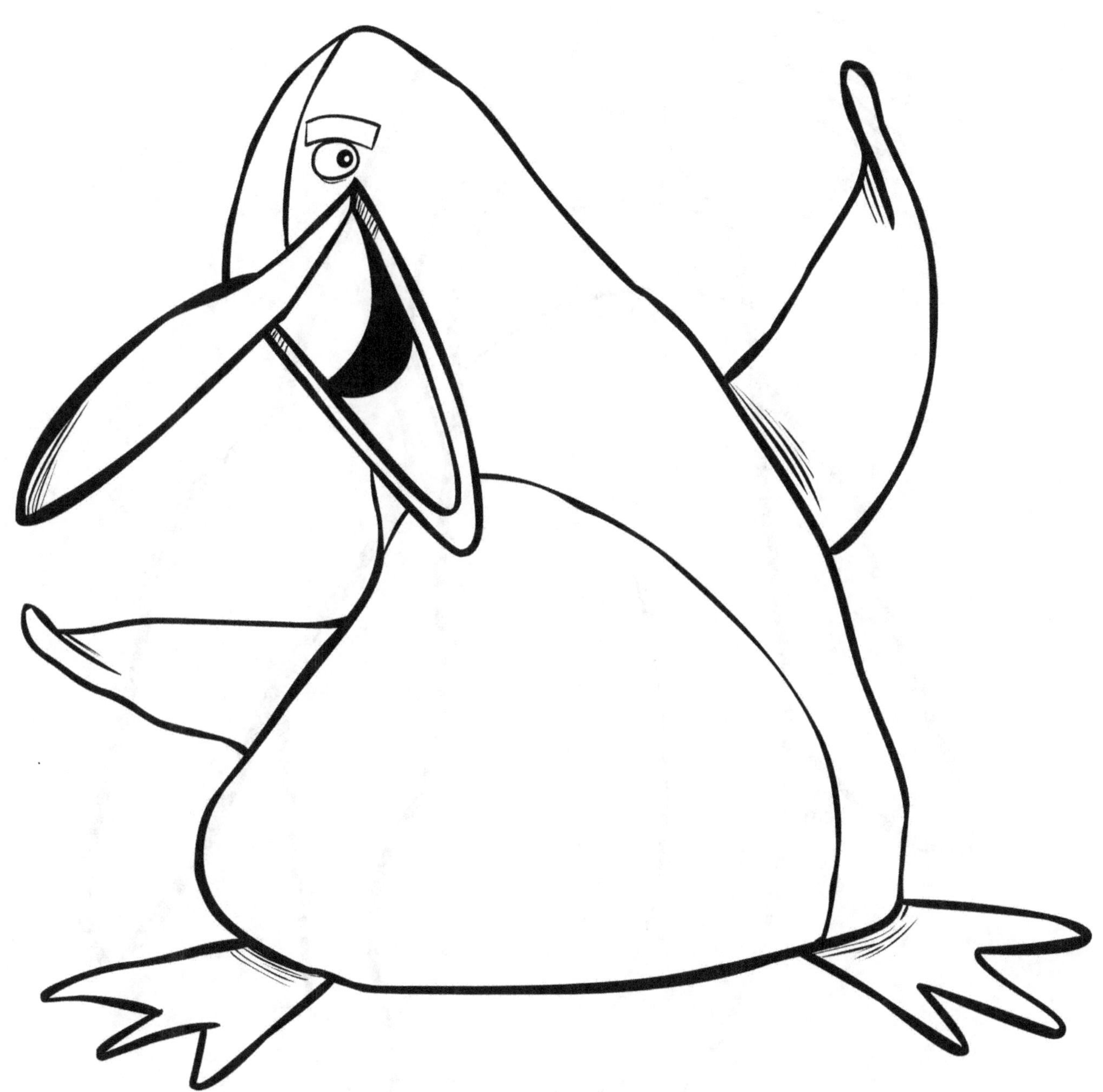

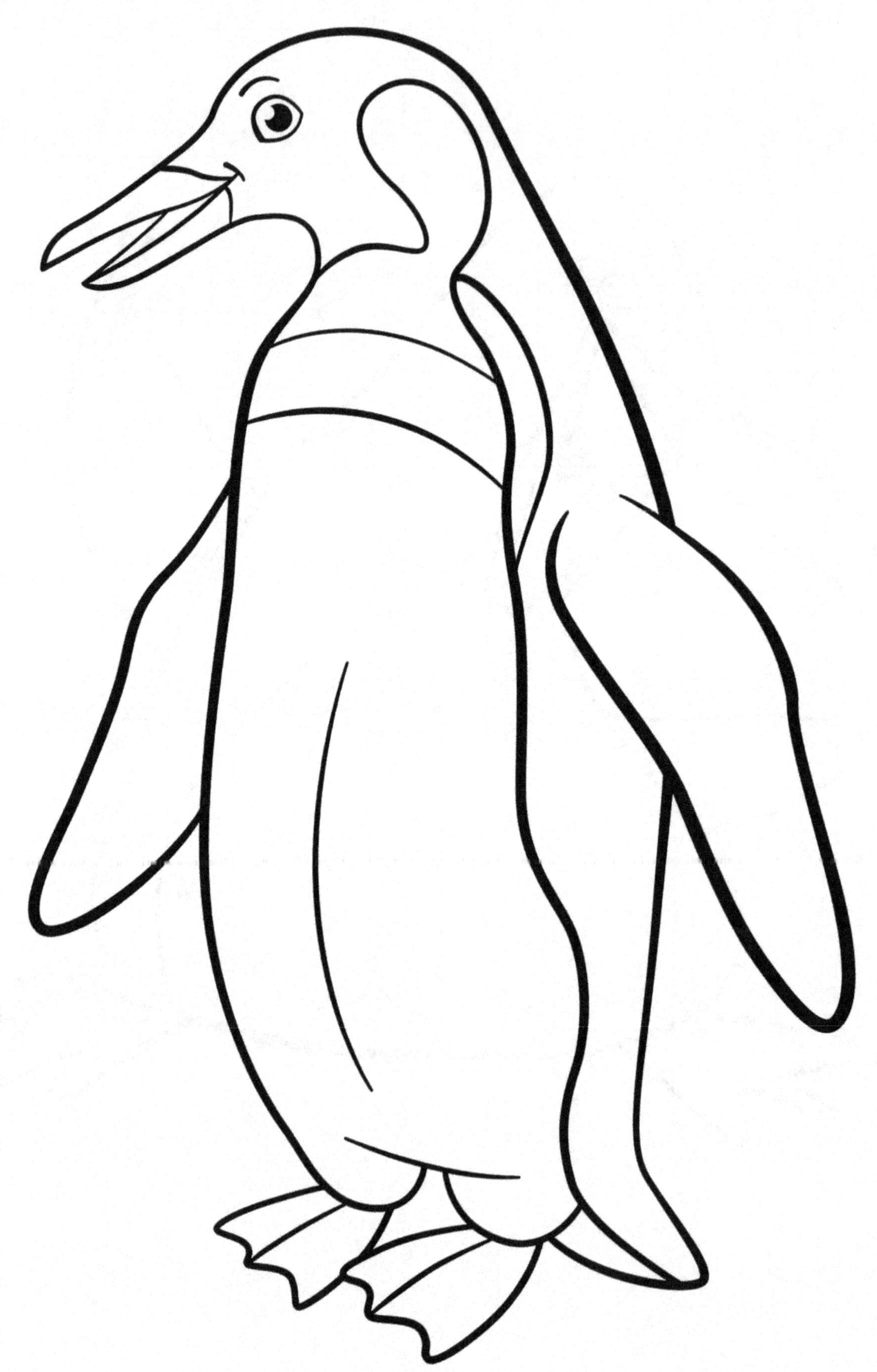

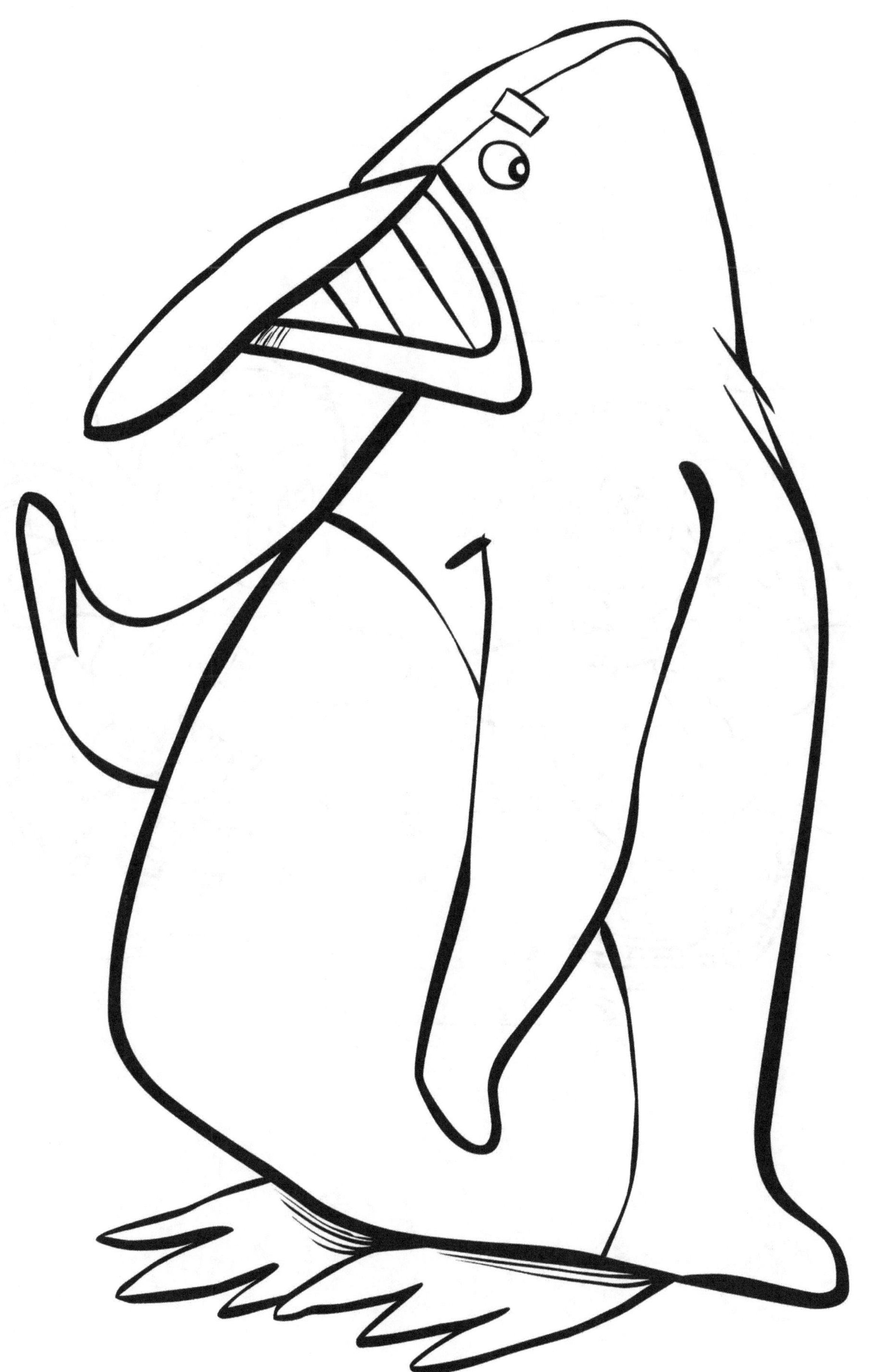

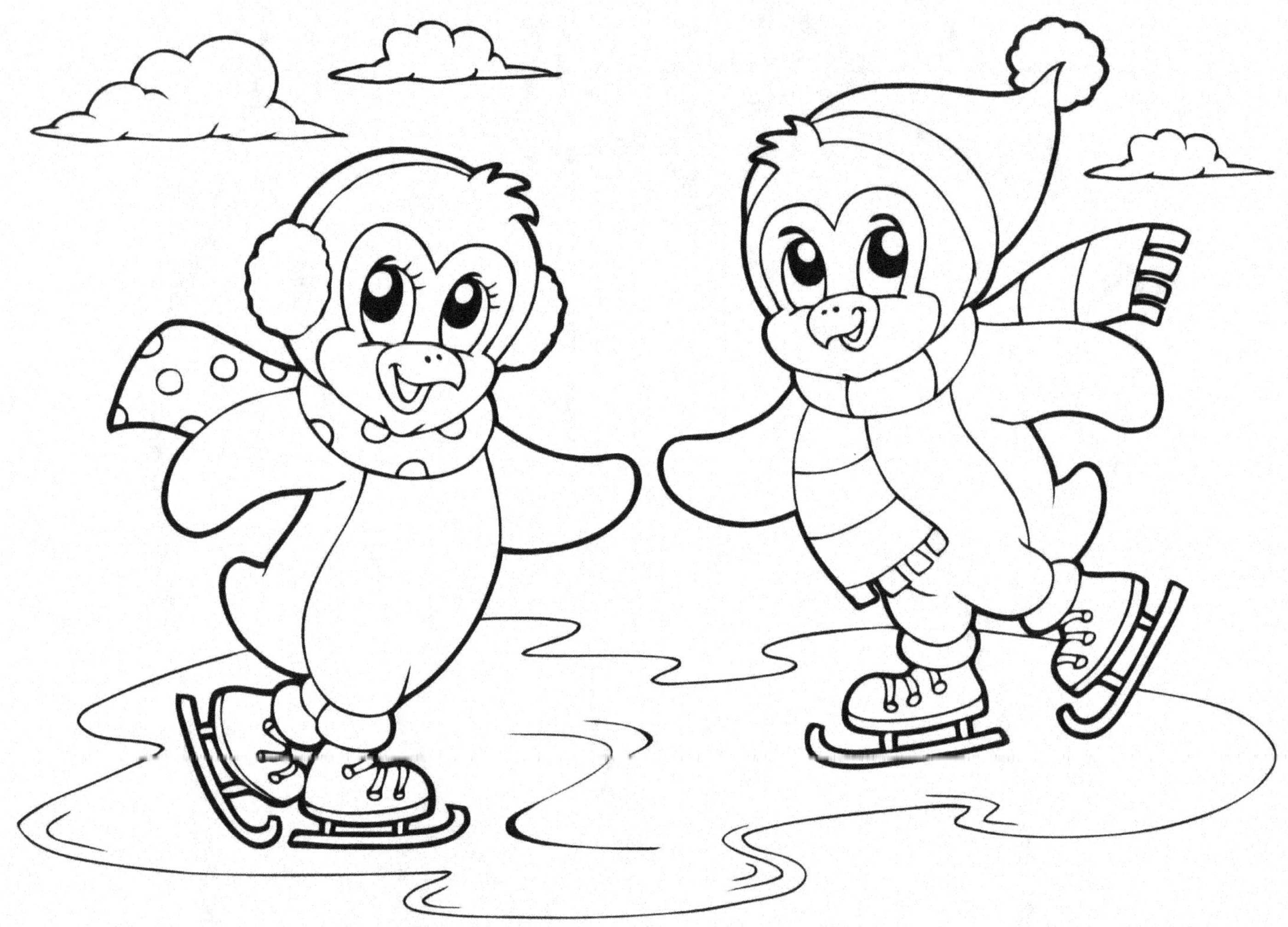

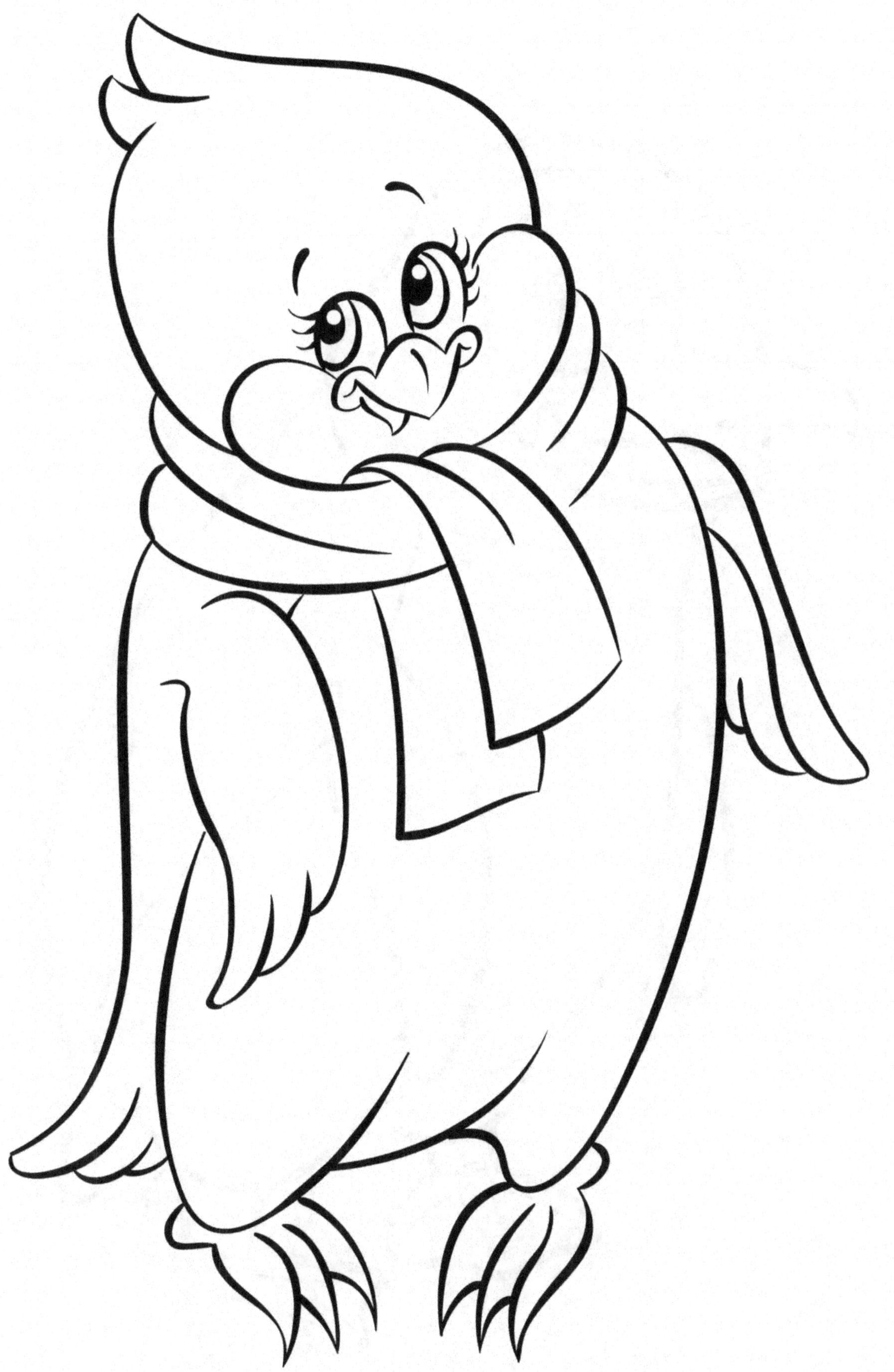

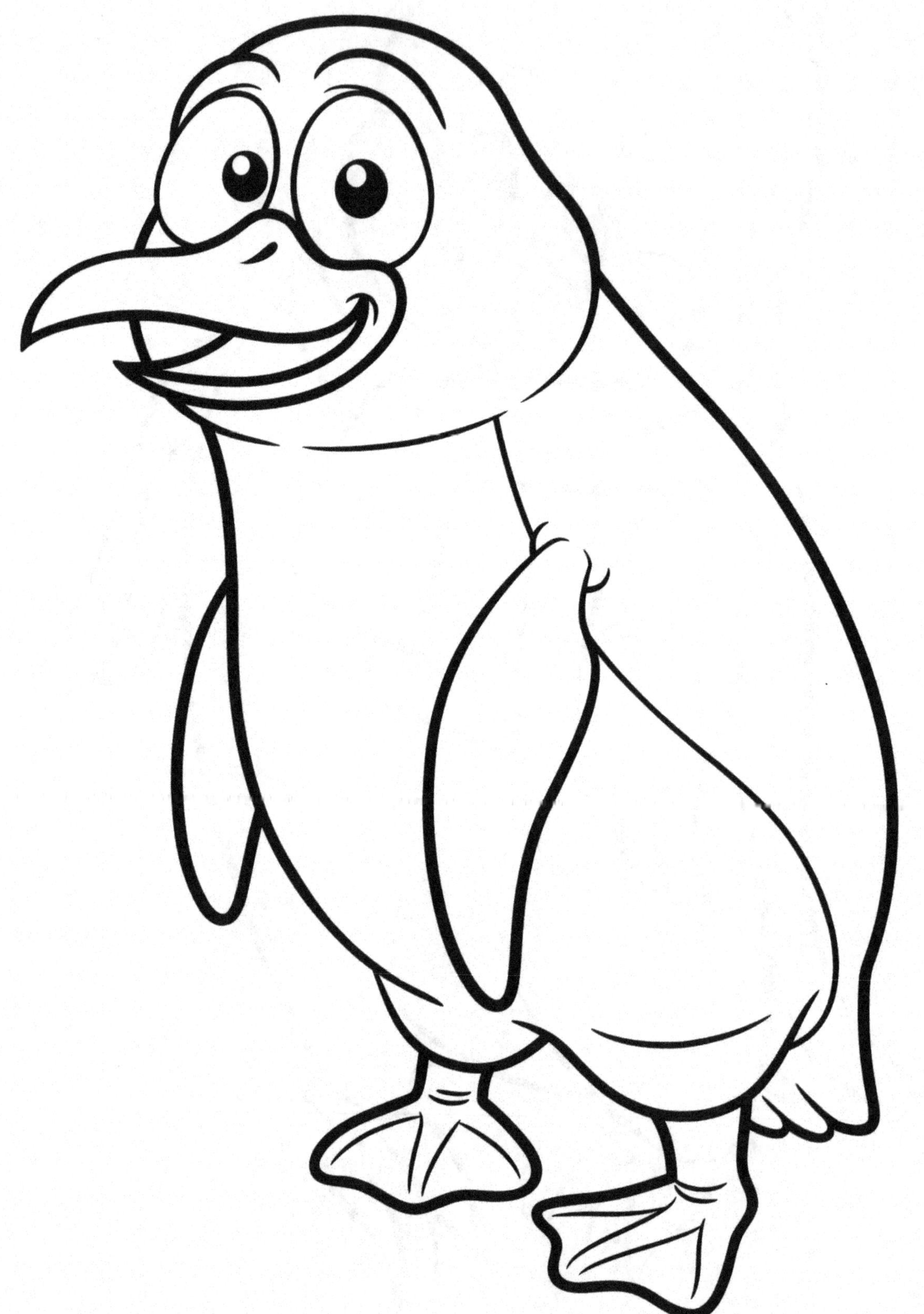

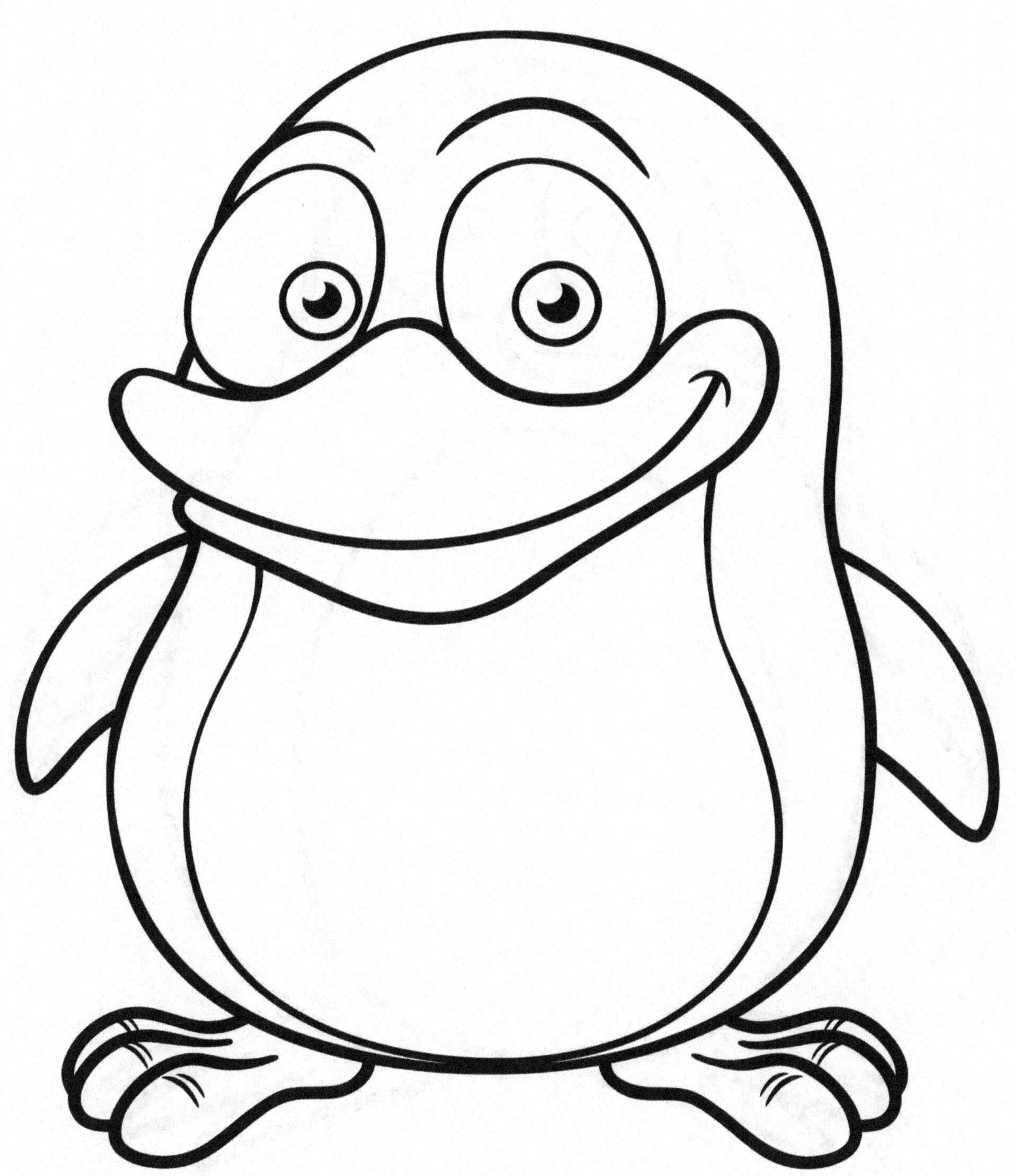

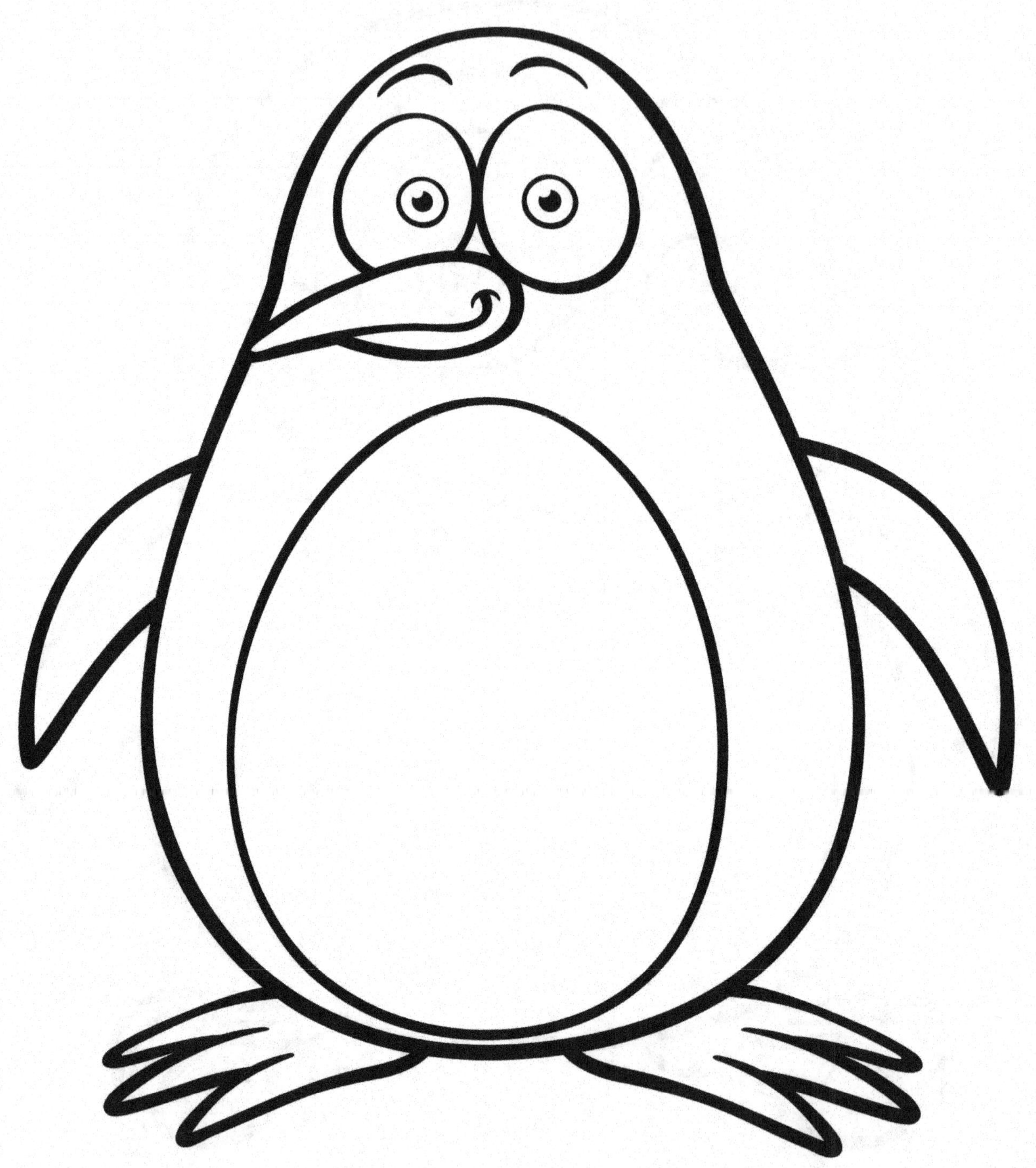

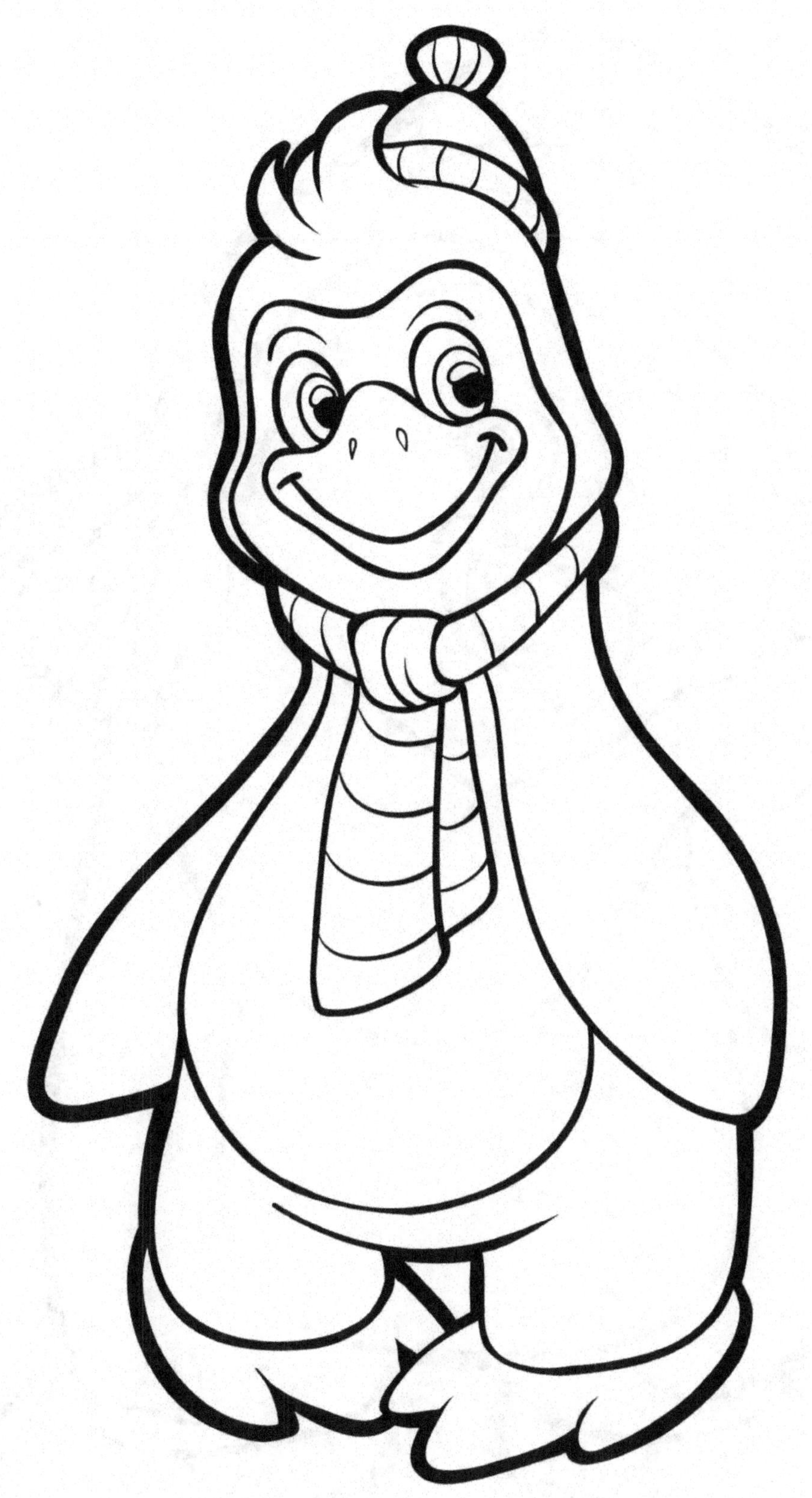

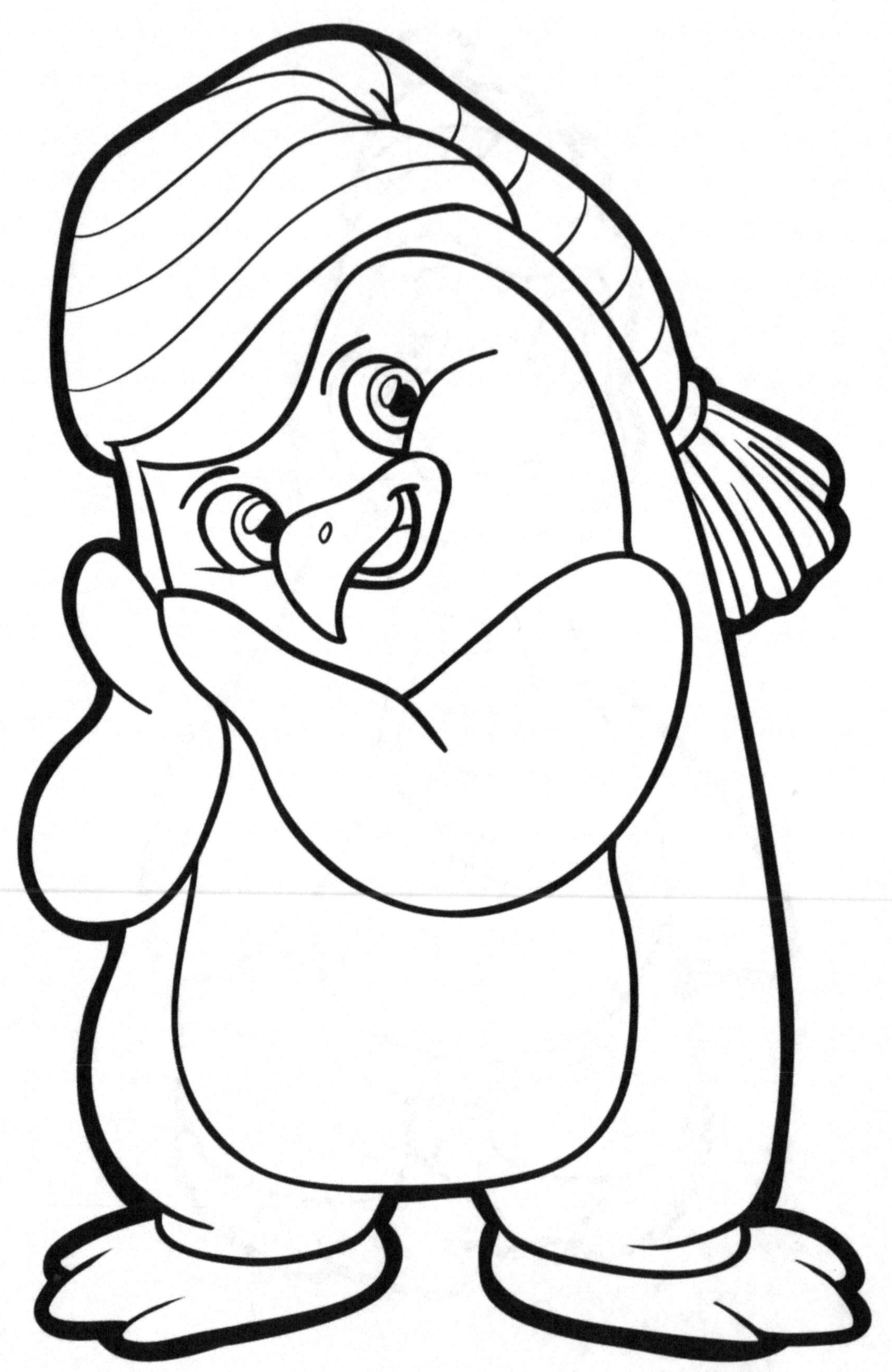

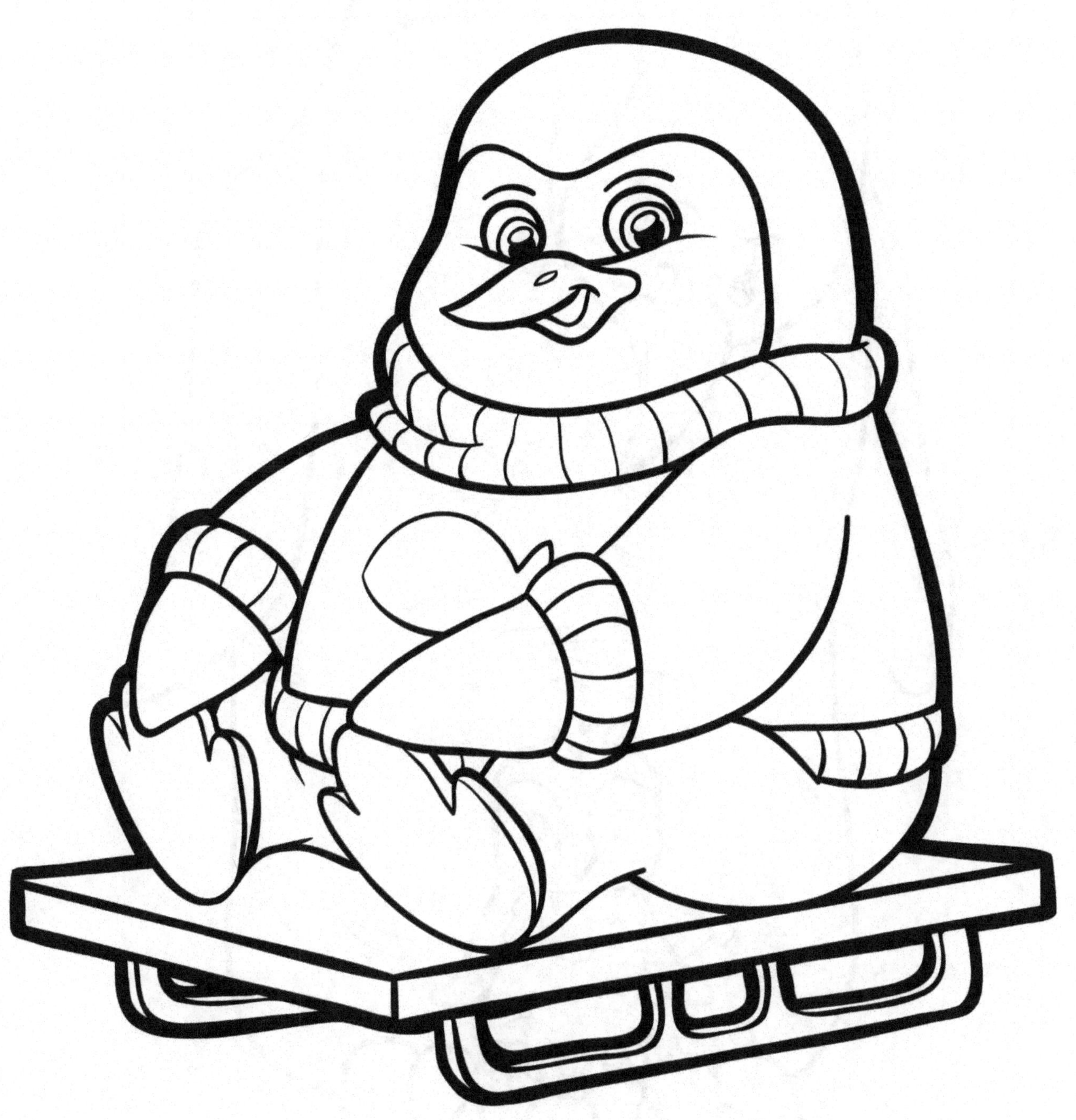

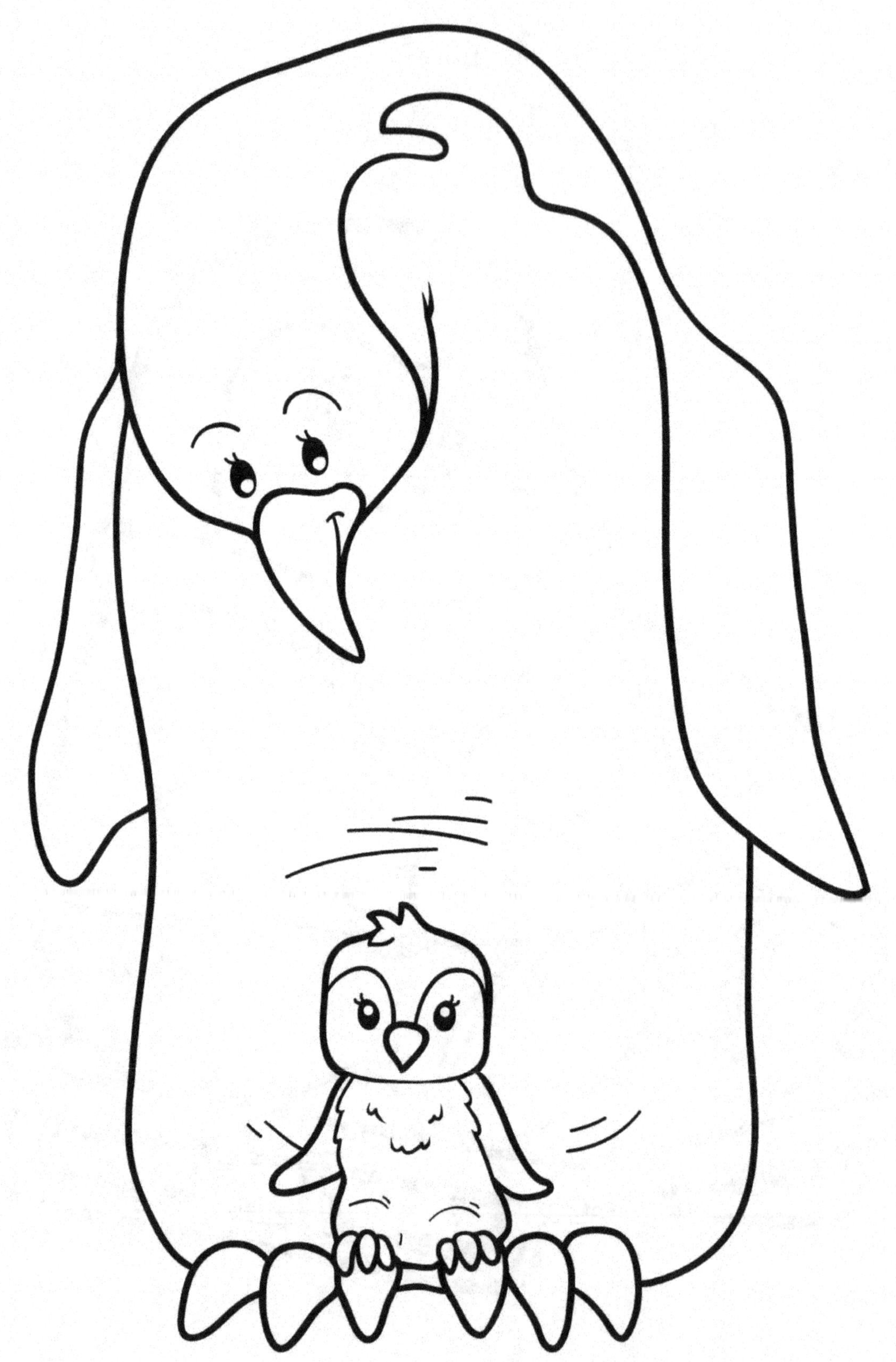

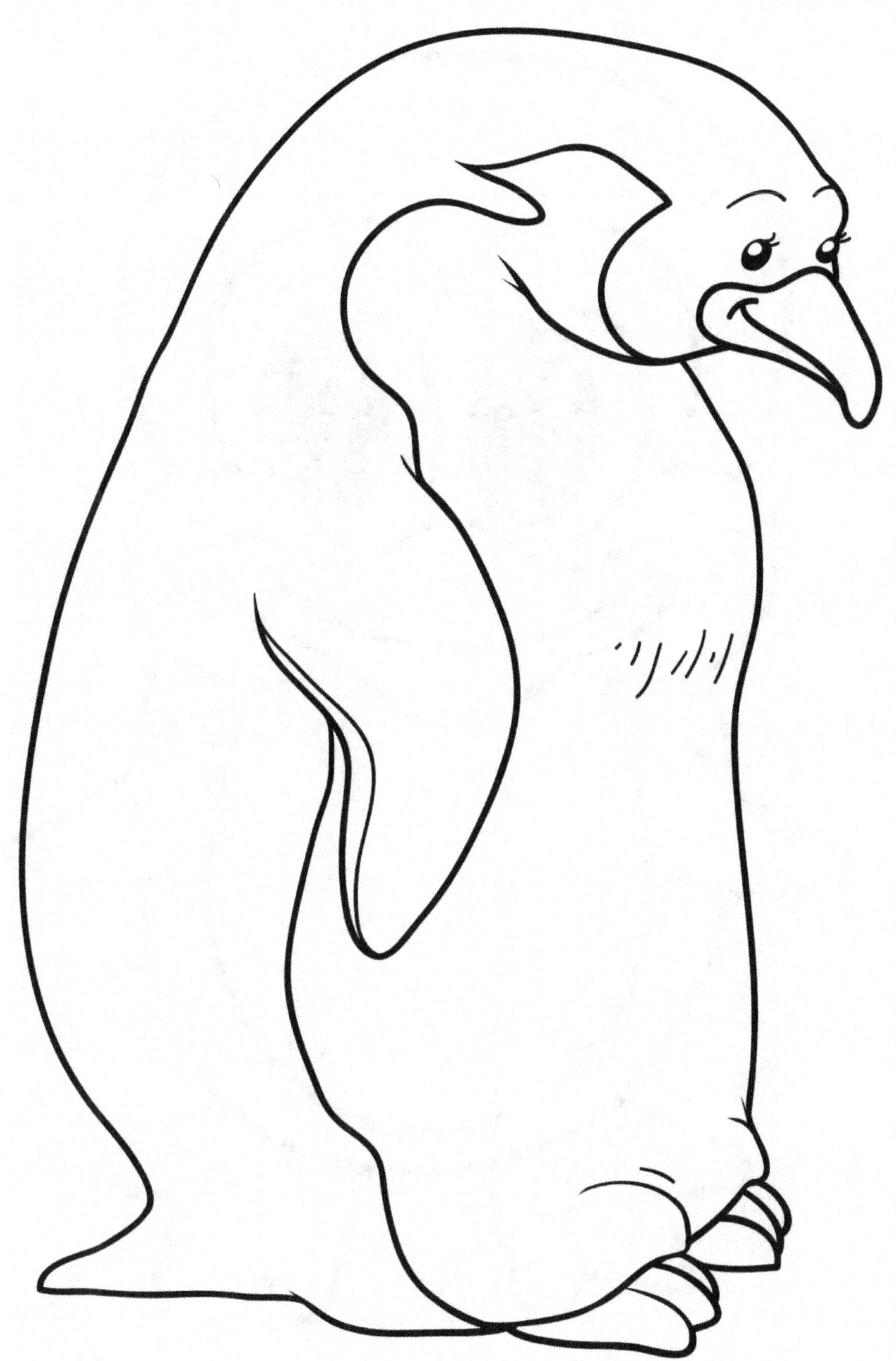

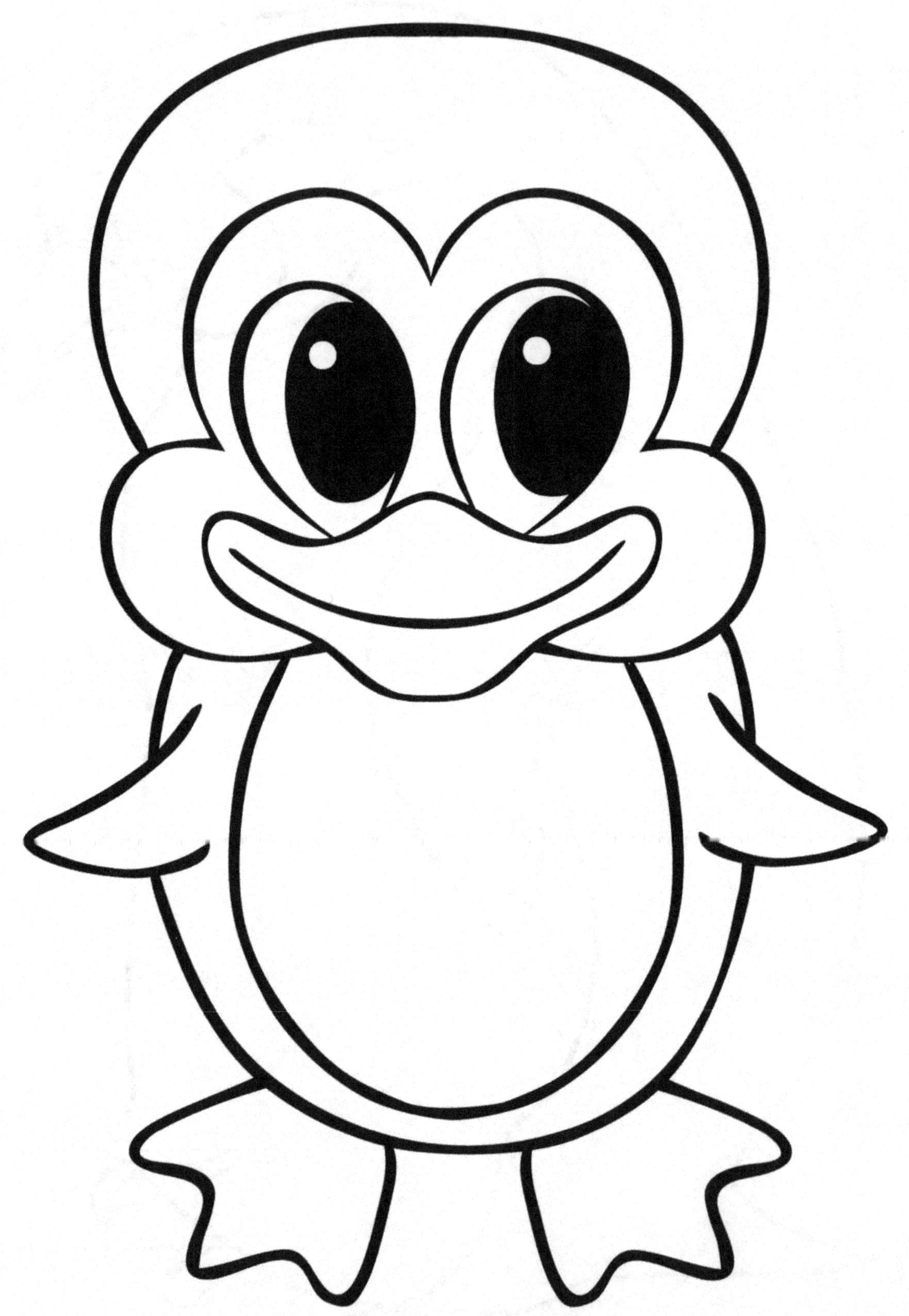

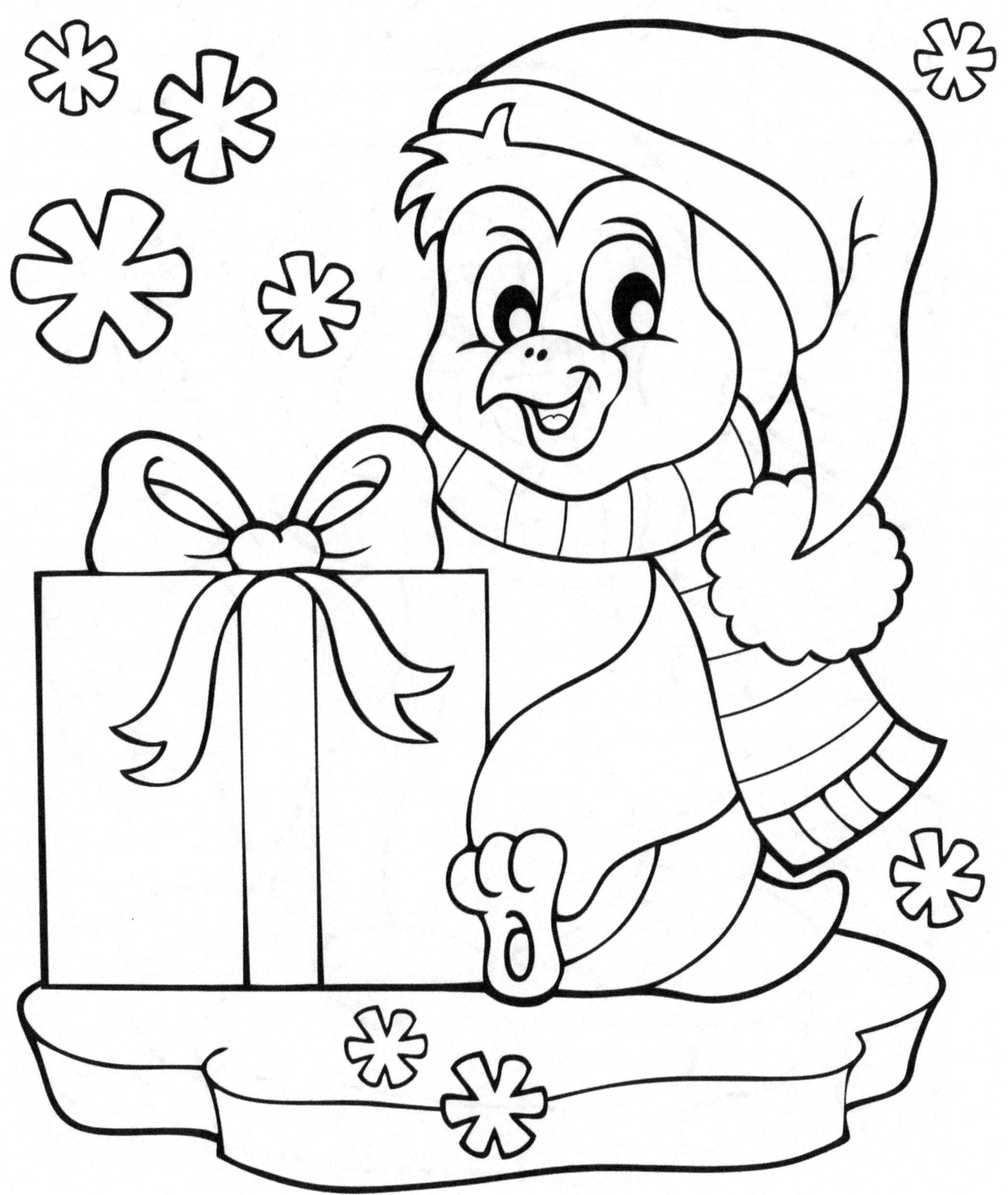

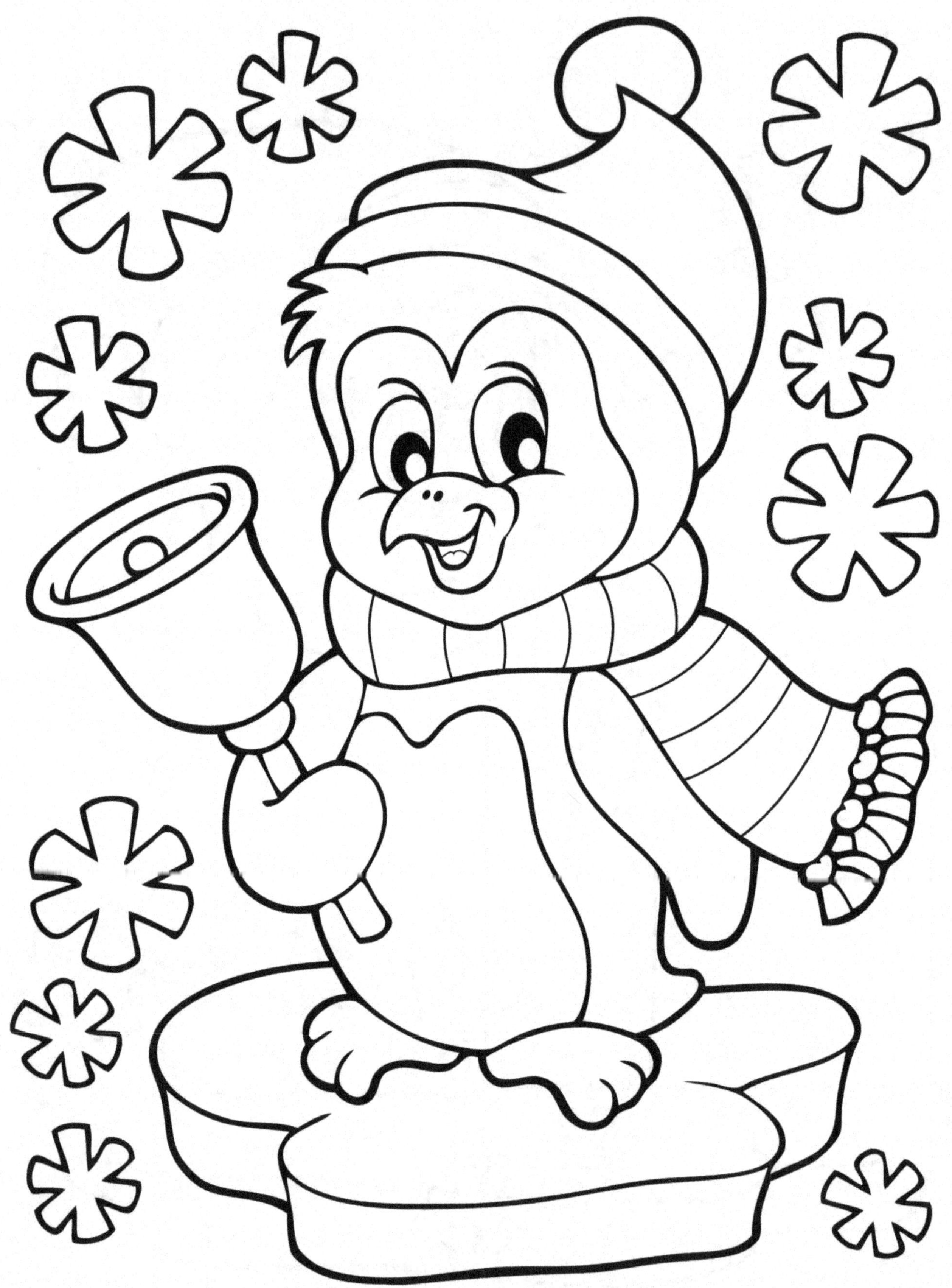

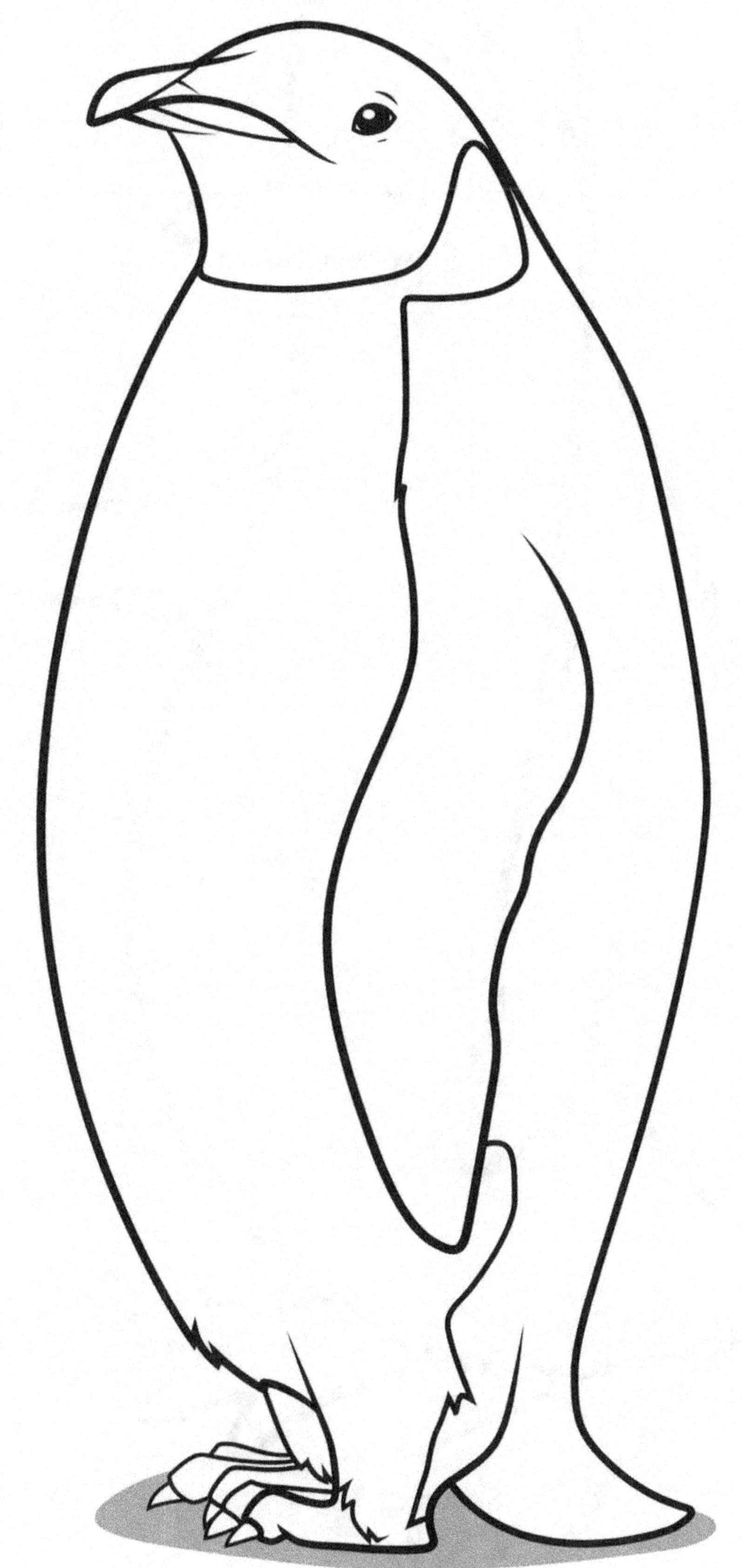

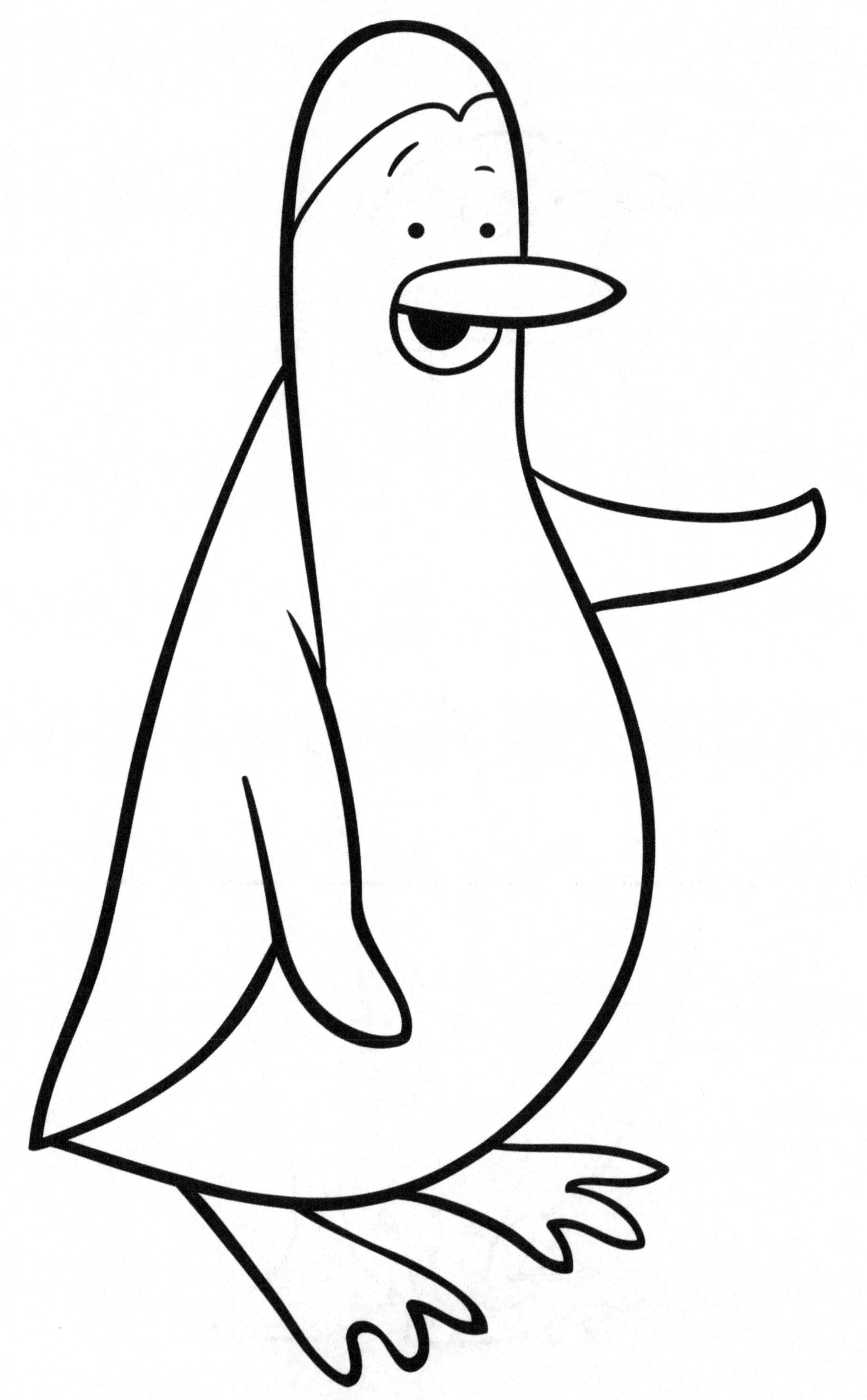

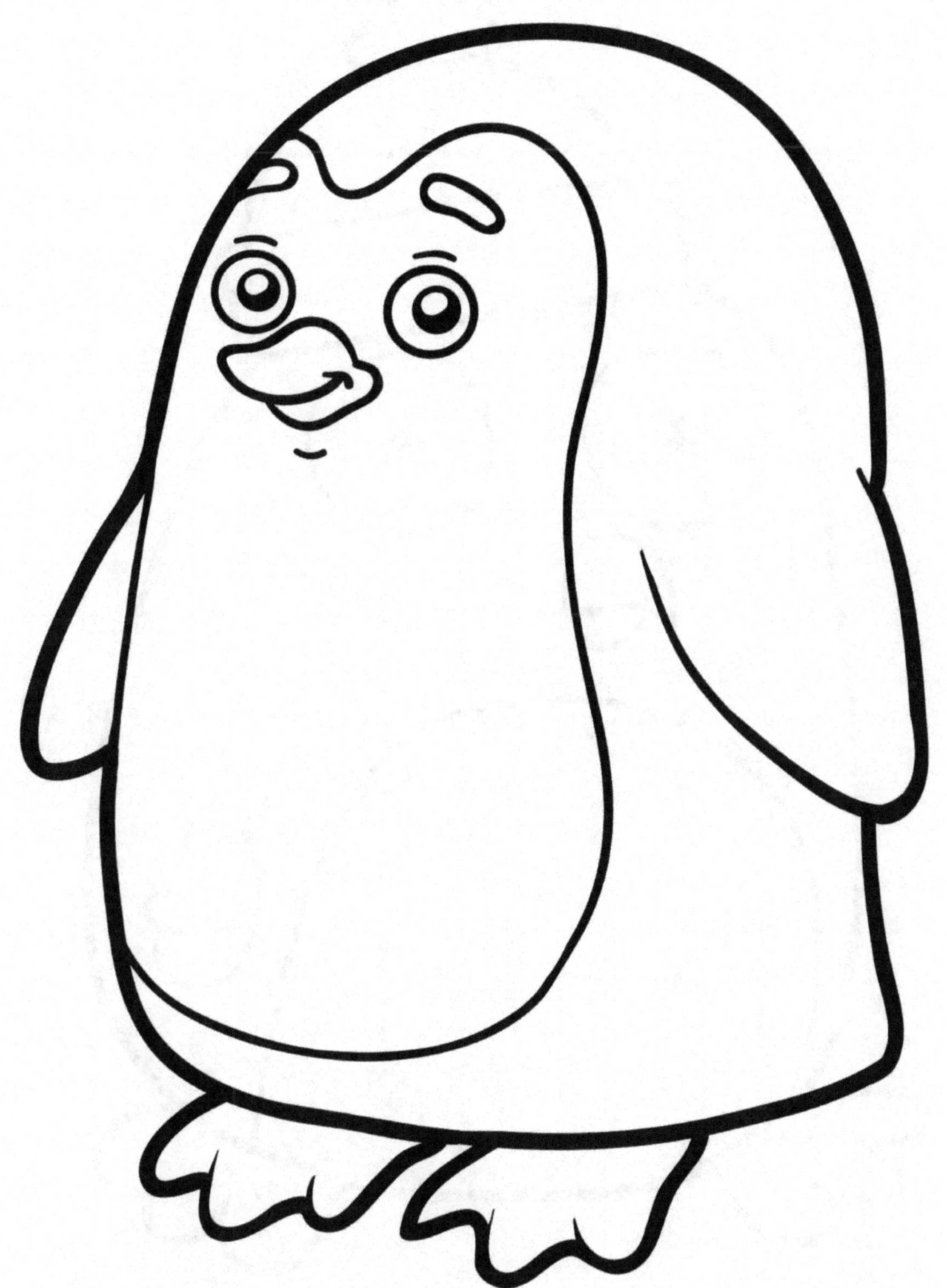

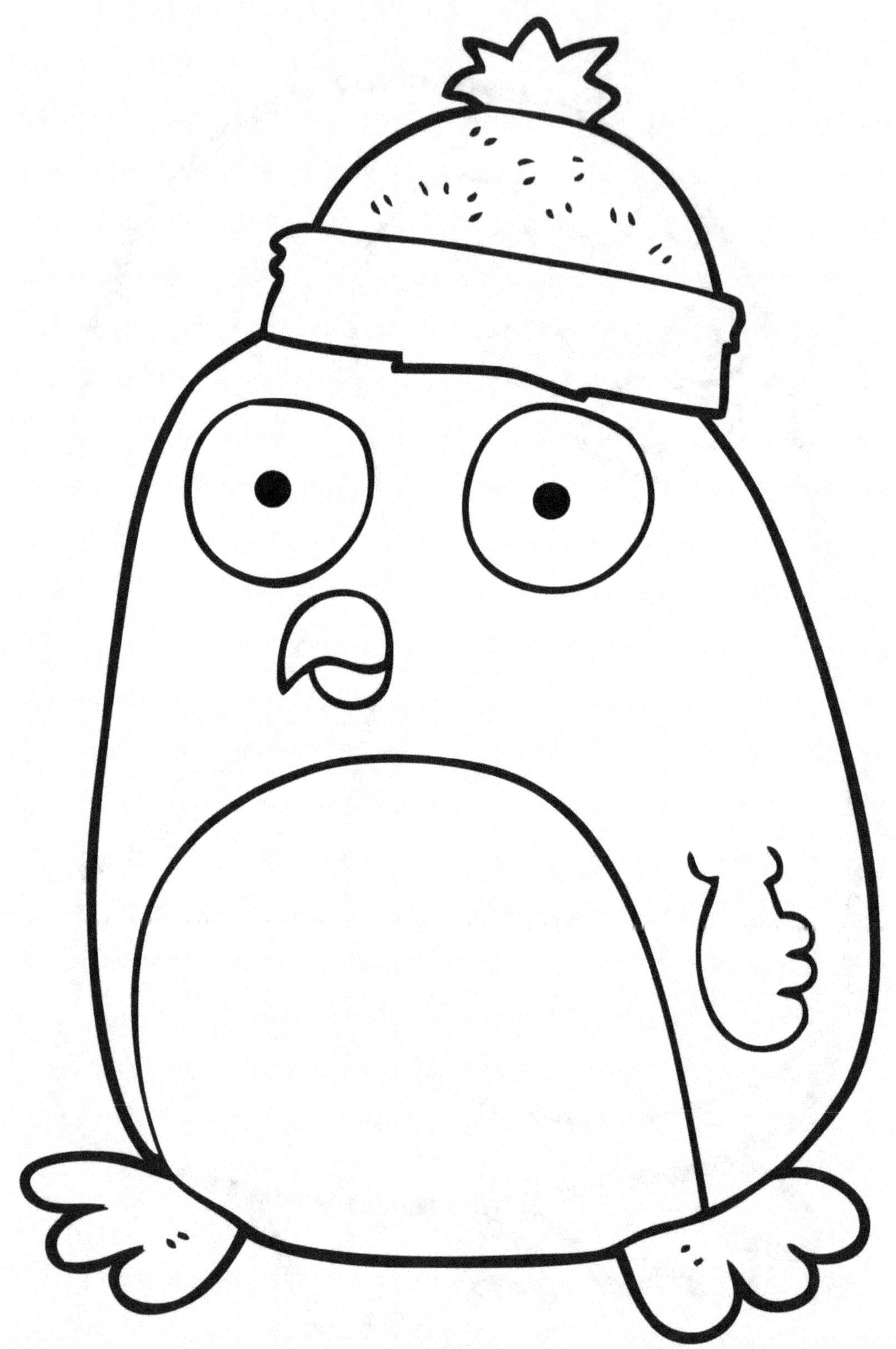

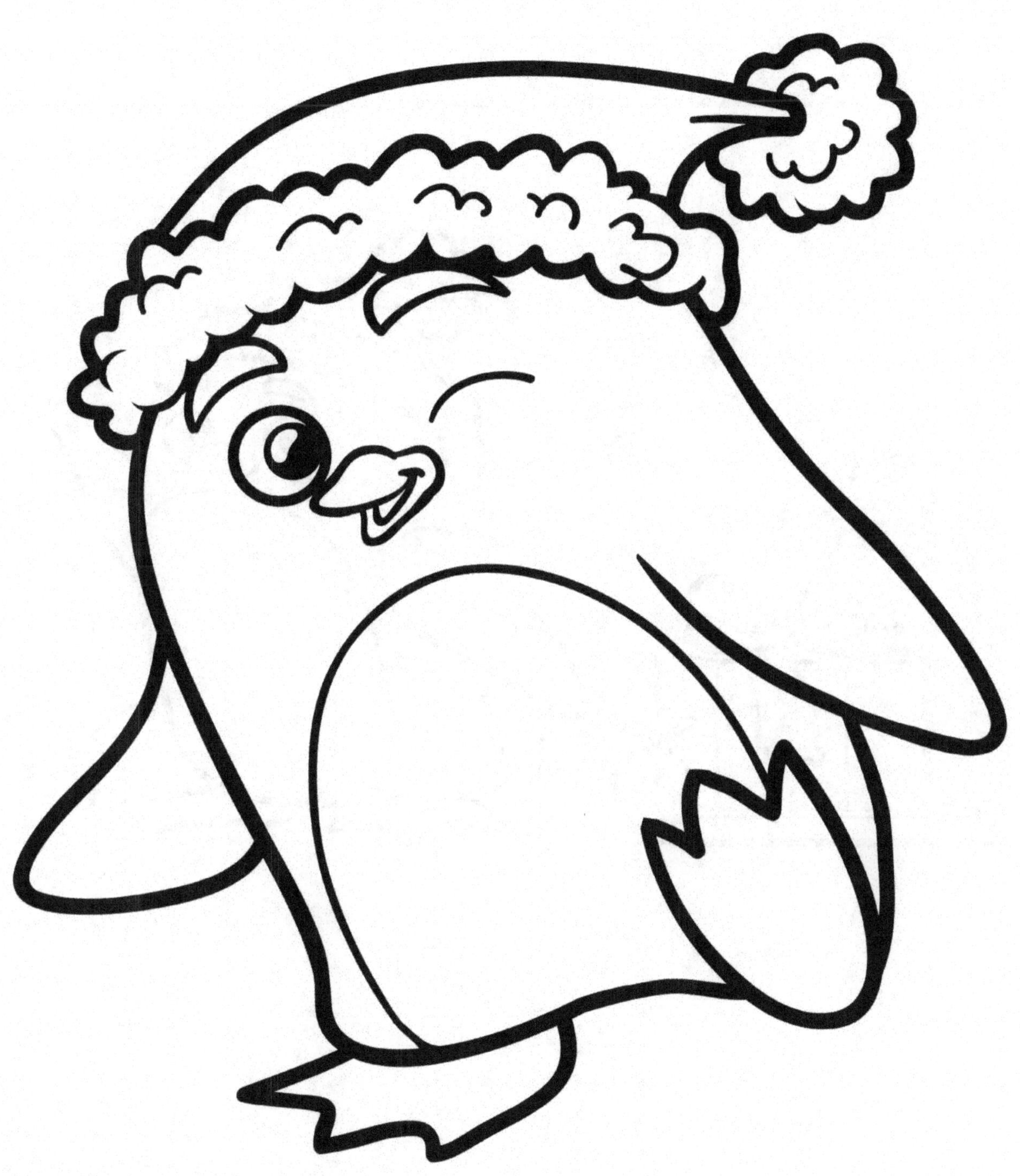

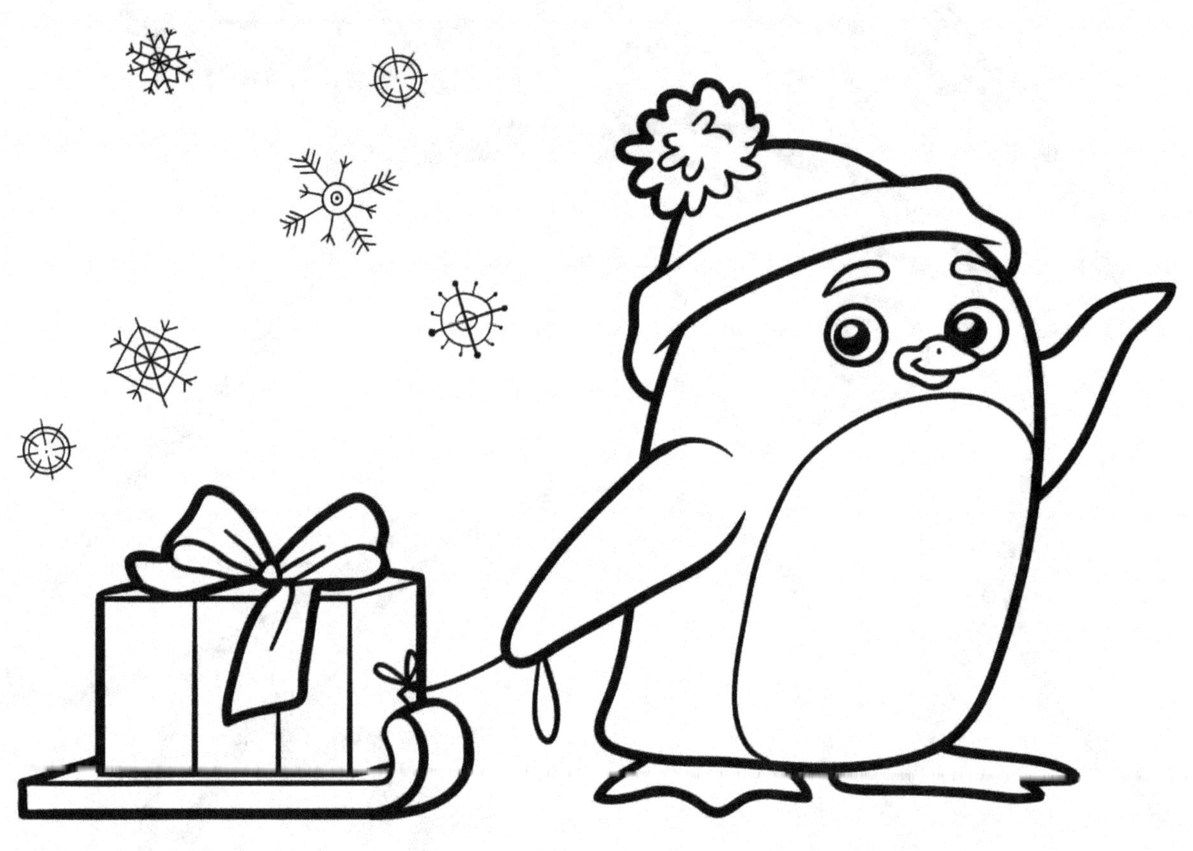

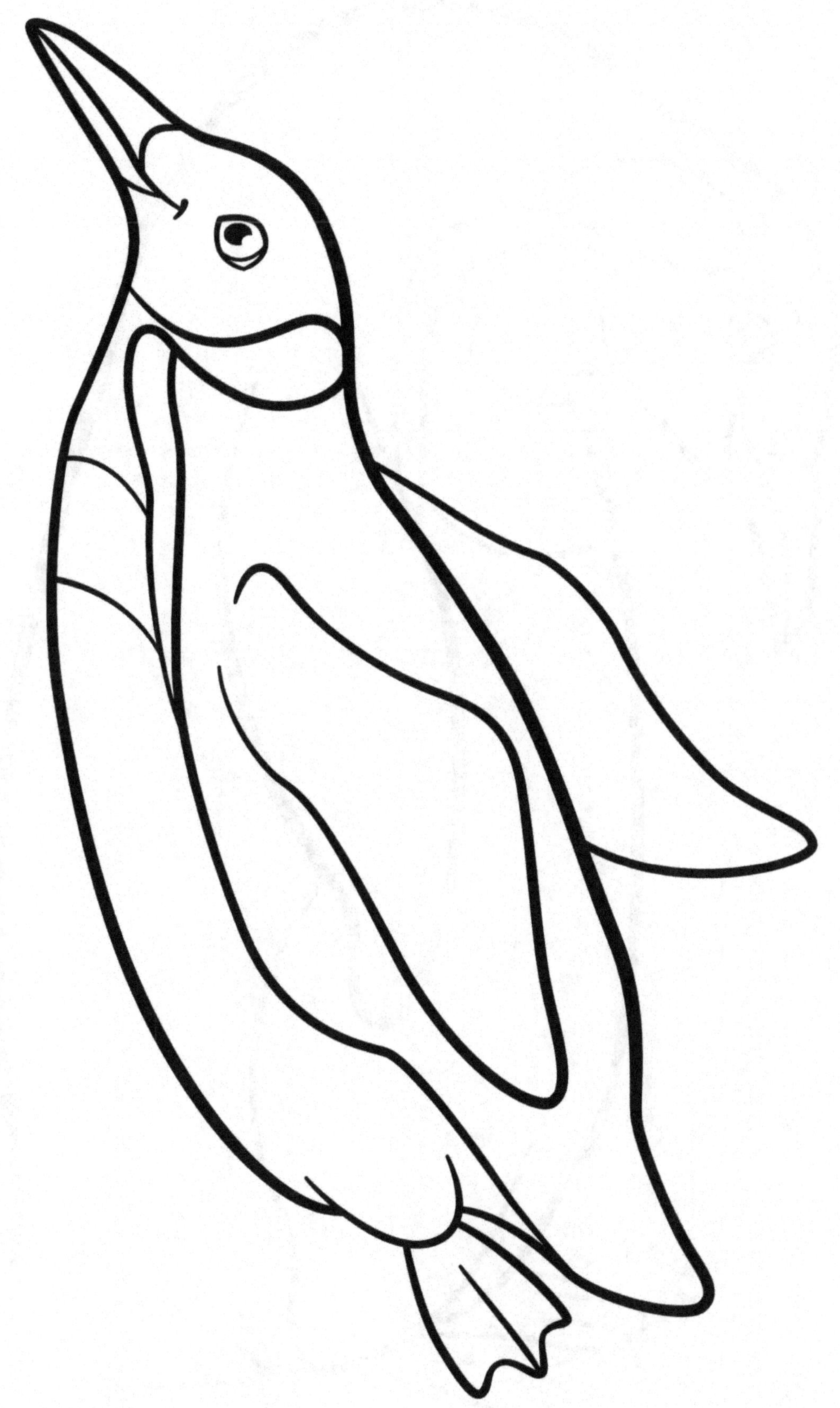

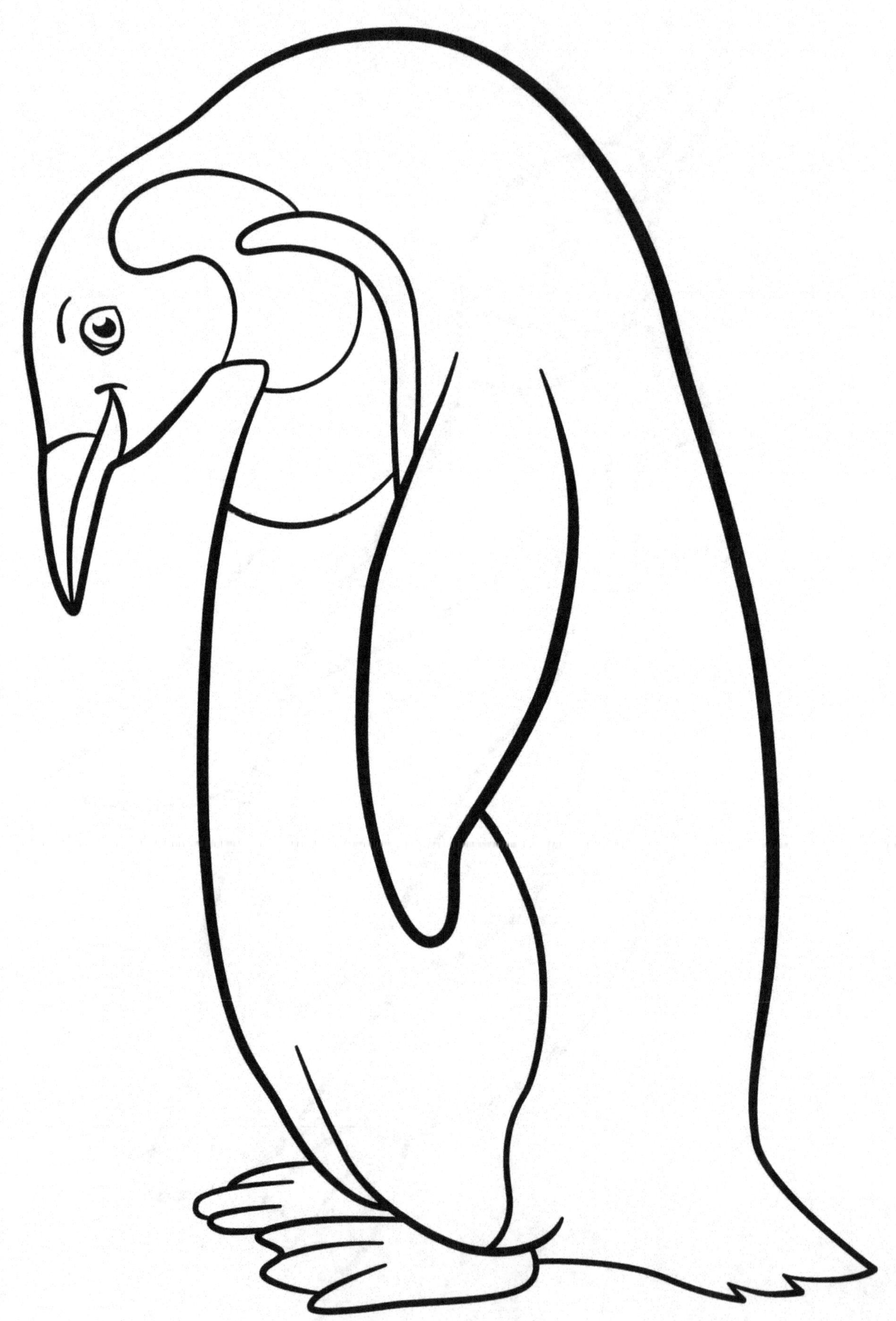

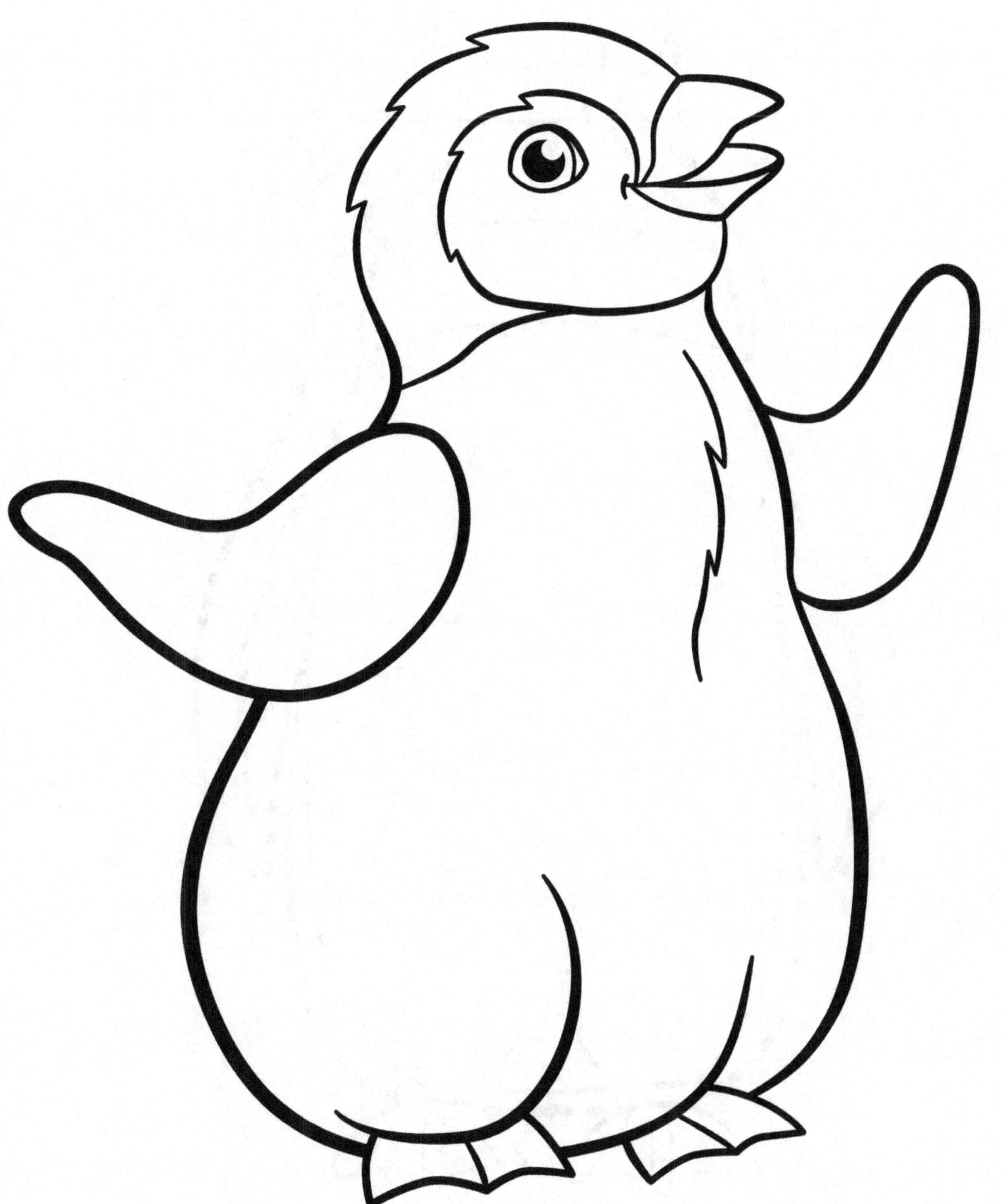

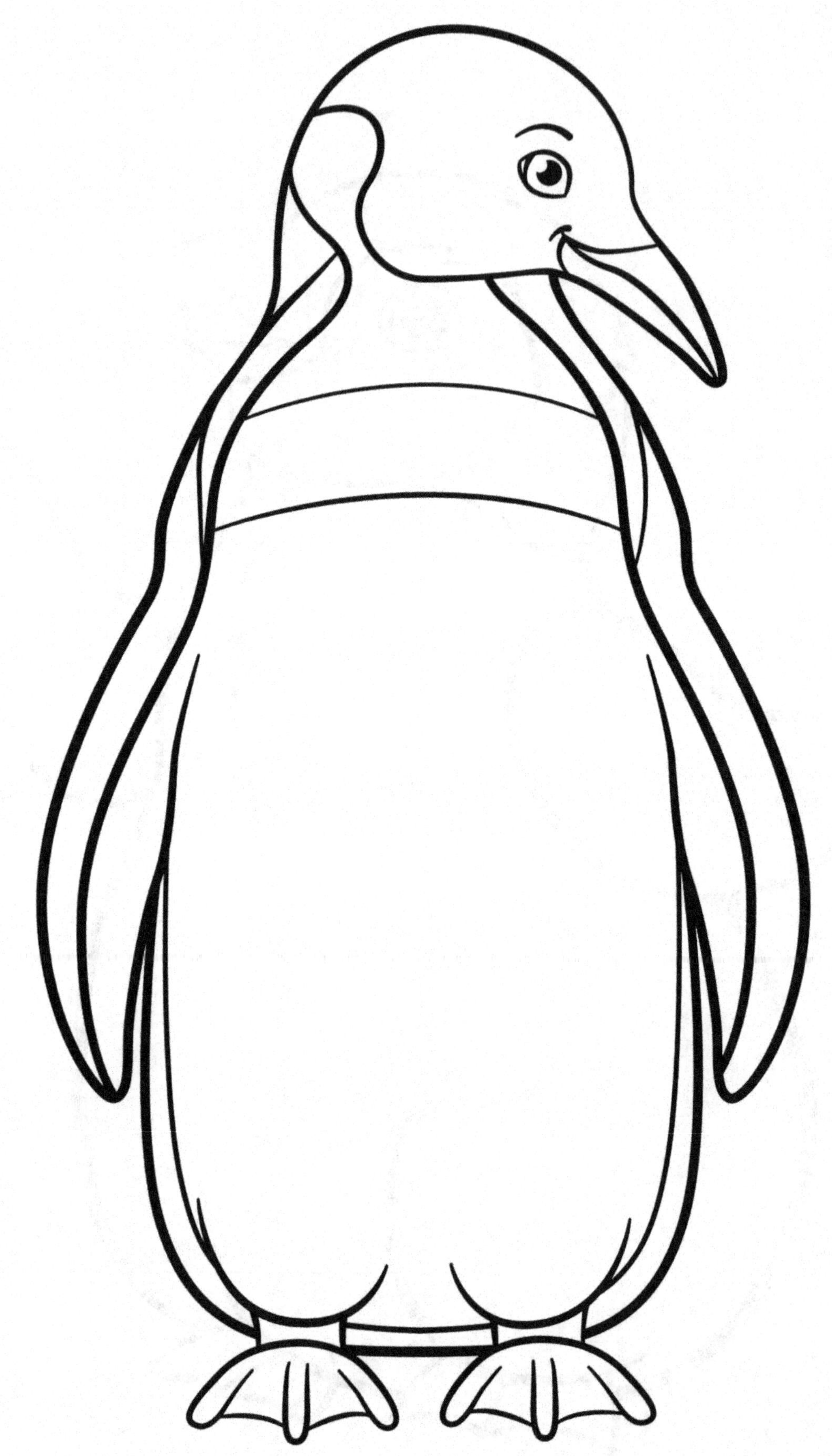